Este libro pertenece a:

_____

Fue obsequiado por:

_____

El día:

_____

Bendiciones Bíblicas
para la Hora de
acostarse

LINDA CARLBLOM
ILUSTRADO POR DAVID MILES

Desarrollo editorial: Semantics, P.O. Box 290186, Nashville, TN 37229
semantics01@comcast.net

Ilustrado por David Miles Illustration, www.davidmiles.us
Publicado por Casa Promesa, P. O. Box 719, Uhrichsville, Ohio 44683, www.casap-romesa.com.

Nuestra misión es publicar y distribuir productos inspiradores que ofrezcan valor excepcional y motivación bíblica al público.

Member of the
Evangelical Christian
Publishers Association

Impreso en China.

Leo Paper; Gulao Town, Heshan City, Guangdong, China; August 2011; D10002888

Bendiciones Bíblicas para la Hora de acostarse

inspiración para la vida

≈ CASA PROMESA

Una división de Barbour Publishing, Inc.

Bendecir

«Dar honor, gloria o favor». Dios nos bendice regalándonos Su bondad. Jesús dijo que Dios bendice a aquellos que dependen de Él, a los que están tristes, a los que son bondadosos y a los que obedecen. Las personas que son humildes y que tienen corazones puros son bendecidas. También los que buscan la paz. Así como la gente que no recibe simpatía por hacer lo correcto. (Echa un vistazo a Mateo 5.1-10.) Como cristianos, debemos pedirle a Dios que bendiga a cualquiera que nos trate mal. Jesús bendijo a los niños. Y podemos bendecir a Dios alabando Su bondad, y a los demás, siendo bondadosos con ellos.

Tomado de *Kids' Bible Dictionary*

Contenido

«¡Eres bienvenido!»

«Y el que recibe en mi nombre a un niño como éste, me recibe a mí».

Mateo 18.5

Dios, quiero estar en Tu reino. Ayúdame a permitir que seas Tú quien está en control de mi vida. Te amo.

Día de mudarse

«Haré de ti una nación grande,
y te bendeciré; haré famoso tu
nombre, y serás una bendición».
Génesis 12.2

¿Te has mudado alguna vez a un lugar nuevo? En la Biblia, en el libro de Génesis, Dios le dijo a Abraham que se mudara lejos de todos sus amigos. Pero no le dijo adonde ir. Simplemente le dijo que Él le mostraría. Como Dios sabía que sería difícil para Abraham dejar su casa, Él le dio una bendición especial para animarlo. Dios dijo: «Haré de ti una nación grande, y te bendeciré; haré famoso tu nombre, y serás una bendición».

Abraham no tuvo que hacer solo aquella gran mudanza al nuevo lugar. Dios fue con él para ayudarlo. Él hasta hizo de Abraham una bendición para las nuevas personas que conoció allí. Abraham sabía que el plan de Dios para su vida era bueno. Él confió en que Dios haría lo que era mejor para él. ¡Y Dios lo hizo!

Dondequiera que vayas, Dios va contigo. Él siempre tiene un buen plan para tu vida. Él te ayudará a hacer nuevos amigos y a ser una bendición especial para ellos. Dios es siempre tu amigo sin importar a donde vayas.

Dios, estar en un nuevo lugar
puede asustarme. Ayúdame a
confiar en Ti y en el buen plan
que tienes para mí. Gracias
por ser siempre mi amigo.

Bendecido por accidente

«Que Dios te conceda el rocío del cielo; que de la riqueza de la tierra te dé trigo y vino en abundancia».

Génesis 27.28

Isaac tuvo hijos mellizos,

Jacob y Esaú. A pesar de que eran mellizos, Esaú nació unos minutos antes que Jacob, así que él era el mayor, y se suponía que el hijo mayor recibiera la bendición del padre. Pero Rebeca, la madre de ellos, quería que su padre bendijera a Jacob en vez de a Esaú, así que se inventó un plan.

Isaac ya estaba viejo y casi ciego. Rebeca le dijo a Jacob que cocinara la comida preferida de Isaac y que se vistiera como Esaú para engañar a Isaac. Entonces, Isaac pensaría que Jacob era Esaú y lo bendeciría a él.

El plan funcionó. Isaac olió la ropa de Esaú en Jacob y pensó que era su hijo mayor. Isaac sabía que Dios era el único que siempre puede proveer todo lo que necesitamos, así que bendijo a Jacob diciendo: «Que Dios te conceda el rocío del cielo; que de la riqueza de la tierra te dé trigo y vino en abundancia».

No es correcto engañar a la gente como hizo Jacob. Antes de que Dios pudiera bendecirlo, Jacob tuvo que mudarse lejos de su casa. Él vivía asustado por la ira de Esaú. Pero luego, Jacob se humilló ante Dios y trató de arreglar sus asuntos con Esaú. Entonces Dios pudo darle a Jacob la bendición de su padre.

De la misma manera en que Dios le dio lluvia, buena tierra y comida a Jacob, Dios también suplirá tus necesidades. ¿Qué necesitas hoy?

Dios, a veces hago cosas que no
debo hacer. Gracias por prometer
que Tú cuidarás de mí aun cuando
yo cometa errores. Te amo.

Bendición pegajosa

Por causa de José, el Señor bendijo
la casa del egipcio Potifar.

Génesis 39.5

¿Alguna vez has frotado algo y se te ha quedado pegado en alguna parte? Tal vez cuando te comiste una barra de chocolate, terminaste con chocolate regado en la cara o en las manos. O quizás el dibujo que pintaste con marcadores todavía estaba mojado cuando lo tocaste. ¡Entonces terminaste con las manos todas pintadas del color del marcador!

Un hombre llamado Potifar puso a José a cargo de todo lo que él poseía. José amaba a Dios y vivía para servirlo a Él. José trabajó arduamente e hizo su mejor trabajo para cuidar las posesiones de Potifar. Esto alegró a Dios, así que Él hizo que a José le fuera bien en todo lo que hacía.

Pero entonces pasó algo muy curioso.

La bendición de Dios en José comenzó a «pegársele» a Potifar y a toda su familia. Todo lo que Potifar hacía salía bien gracias al buen trabajo de José. ¡La bendición de José se convirtió también en la bendición de Potifar!

¿Alguna vez les ha ocurrido algo bueno a tus amigos gracias a ti? Si amas a Dios, tratarás de agradarlo a través de la forma en que vives. Entonces, ¡Sus bendiciones se te «pegarán» a ti y a tus amigos! ¿No sería eso un buen regalo para dar a un amigo?

Te amo, Dios, y quiero
Tu bendición. Por favor,
bendice a mis amigos debido
a mi fe en Ti, así como lo
hiciste con José y Potifar.

Bendiciones de hermanos

«Tú, Judá, serás alabado por
tus hermanos; dominarás a tus
enemigos, y tus propios hermanos
se inclinarán ante ti».
Génesis 49.8

Jacob tenía doce hijos. ¡Esa es una familia grande! Cuando ya estaba viejo y próximo a morir, Jacob le pidió a todos sus hijos que se reunieran a su alrededor. Quería decirles lo que les ocurriría en el futuro. Para algunos de sus hijos, eran malas noticias. Para otros, como Judá, eran buenas.

«Judá». La voz de Jacob probablemente era baja mientras levantaba su mano débil para indicarle a su hijo que se acercara. «Serás alabado por tus hermanos; dominarás a tus enemigos, y tus propios hermanos se inclinarán ante ti». También dijo que Judá era valiente como un león y que sería un gran líder. Naciones enteras le obedecerían. Judá y sus hijos serían siempre reyes hasta que el rey verdadero, Jesús, viniera a la tierra.

¿Cómo te sentirías si tus hermanos o hermanas te elogiaran, diciendo cosas maravillosas sobre ti, como dijo Jacob que harían los hermanos de Judá? ¡Tal vez ya lo hacen! Es bueno llevarse bien con los hermanos y las hermanas, pero no siempre es fácil. Y es aún más difícil llevarse bien con tus enemigos, la gente que no te cae bien. Pídele a Dios que te ayude a comportarte de tal forma que te ganes los elogios de ellos.

Señor, a veces peleo con
mis hermanos y hermanas.
Ayúdame a llevarme bien
con ellos y con ellas cuando
jugamos. Y muéstrame como ser
agradable con mis enemigos.

«¡No es justo!»

Dan hará justicia en su pueblo,
como una de las tribus de Israel.

Génesis 49.16

En nuestras Biblias dice que Dan era uno de doce muchachos. Cuando su papá, Jacob, llegó a viejo y estaba listo para morir, él bendijo a sus hijos. Jacob los llamó uno a uno a su cuarto para recibir sus bendiciones. Comenzó con Rubén, el mayor, y llegó hasta el más joven, Benjamín. Dan era el séptimo hermano. ¡Apuesto a que casi no podía esperar a que llegara su turno! ¿Qué diría su papá sobre su futuro?

«Dan», comenzó Jacob. «Harás lo que es justo para tu pueblo». Tal vez Dan se sonrió. ¡Su padre confiaba en él! Jacob sabía que su hijo era honesto y que trataba a la gente justamente. Dan debió sentirse orgulloso con esto.

¿Eres justo con los demás? ¿Esperas tu

turno? ¿Juegas bien con tus amigos o eres de los que grita: «¡No es justo!» cuando no ganas? ¿Haces lo que dices que vas a hacer? Si puedes responder sí a todas estas preguntas, ¡muy bien! Pero, si tu respuesta es no para algunas, no te preocupes. Dios te ayudará a convertirte en el niño o la niña que Él quiere que seas si le pides Su ayuda.

Dios, quiero ser una persona en
la que los demás confíen, pero no
puedo hacerlo sin ayuda.
¿Podrías, por favor, ayudarme
a ser honesto y justo? ¡Gracias!

Crecimiento de una semilla

«Aser disfrutará de comidas deliciosas;
ofrecerá manjares de reyes».
Génesis 49.20

Aser, cuyo nombre significa «feliz», era el noveno hijo de Jacob. Y esperaba para escuchar cuál sería la bendición de su padre para él. ¿Serían riquezas? ¿Gobernar sobre naciones? ¿Buena salud? Finalmente, llegó su turno.

«Aser, mi hijo. En tu tierra crecerá mucha comida deliciosa. ¡Y será suficiente comida deliciosa para alimentar a reyes!»

En los tiempos bíblicos, la mayoría de las personas eran agricultores. Era importante para ellas tener buena tierra para cosechar alimentos para dar de comer a sus familias. Pero, ¿tener tierras que fueran suficientes para alimentar a reyes importantes? Bueno, ¡eso sí era una bendición especial que puso a Aser tan feliz como su nombre! Posiblemente él comenzó a aprender sobre la tierra sembrando algunas semillas y viéndolas crecer. Sus padres tal vez le recordaron que debía echarle agua a las semillas y que las cuidara. Quizás descubrió que a él realmente le gustaba cocinar y comerse la comida que había cosechado.

Puedes ser como Aser y también cultivar alimentos. Intenta sembrando un frijol en un vaso con algo de tierra. Colócala en un lugar soleado cerca de una ventana y échale un poco de agua cuando la tierra esté seca. Tal vez, como a Aser, te guste cosechar alimentos.

Señor, ayuda a que mis semillas crezcan. Pero más importante que eso, ayúdame a mí a crecer para ser una persona que viva para Ti. Enséñame a ser lo mejor de mí para Ti.

Al aire libre

Neftalí es una gacela libre, que
tiene hermosos cervatillos.

Génesis 49.21

¿Alguna vez te han comparado con un animal? Tal vez tus padres te han dicho que eres un mono porque te gusta treparte dondequiera. O un conejito porque das buenos abrazos. O quizás, en una mañana que amaneces malhumorado, ¡te llaman oso gruñón!

El papá de Neftalí, Jacob, lo bendijo diciéndole que era una gacela libre que tiene hermosos cervatillos. Él había visto a su hijo crecer de niño a hombre. Él sabía que Neftalí disfrutaba la vida al aire libre. A él le encantaba la libertad que ofrecía el estar al aire libre.

De la misma forma que Neftalí no era realmente una gacela, tampoco realmente tenía cervatillos. Lo que Jacob probablemente quiso decir fue que su hijo era creativo y hacía muchas cosas hermosas. O quizás era una persona que cuidaba a otros con ternura como una madre cuidaría de sus hijos. En cualquier caso, está claro que Jacob amaba a su hijo y estaba orgulloso de él.

¿Te gusta jugar al aire libre? ¿Corres rápido y te gusta sentir el viento soplar en tu pelo? ¿Te gusta crear cosas bonitas o cuidar tiernamente de los demás? ¡Entonces eres como Neftalí! Sin embargo, no importa cómo Dios te haya creado, ¡Él te ama muchísimo!

Gracias Dios, por el
extraordinario mundo que
Tú creaste para que nosotros
disfrutemos. Ayúdame a cuidar
de él y de la gente que me rodea.

Fuerza para él

Gracias Dios, por darme la fuerza.

«¡Gracias al Dios fuerte de Jacob,
al Pastor y Roca de Israel!»
Génesis 49.24

José era el hermano menor entre diez hermanos. Pero su papá, Jacob, prefería a José. Esto no era correcto, pero la Biblia dice que así era. Y como Jacob quería más a José, le dio una bendición especial.

Él dijo que José era fuerte aun cuando la gente no se portaba bien con él. Pero más importante aún, Jacob le dijo a José: «Tu poder viene del Dios fuerte de Jacob. Y tu fuerza viene del Pastor, la Roca de Israel».

Nosotros sabemos que Dios es el único que puede darnos fuerza y poder reales, y José también lo sabía. Somos como un cable eléctrico que está conectado al tomacorriente, Dios.

Quizás José había sentido que él no

era tan fuerte ni valiente comparado con sus hermanos mayores. Algunas veces sentimos que no podemos hacer nada bien. O que no somos lo suficientemente grandes para hacer cosas importantes. Pero cuando oramos y leemos la Biblia, nos conectamos a la mejor fuente de poder: Dios. Y, como José, podemos hacer cosas extraordinarias.

Cree en Dios. Él te hará fuerte y poderoso. Ya no te sentirás pequeño, ¡te sentirás como un gigante!

Ayúdame a confiar en ti,
Dios. Hay muchas cosas que
no puedo hacer todavía, pero
yo sé que Tú me ayudarás
a ser fuerte para Ti.

Maestro invisible

«El Señor mismo instruirá a todos tus hijos, y grande será su bienestar».

Isaías 54.13

¿Tienes un maestro favorito? Podría ser una maestra en la escuela, tu maestro de Escuela Dominical, o hasta tu mamá o tu papá. La Biblia habla de un maestro que todos tenemos pero que nunca hemos visto. ¿Puedes adivinar quién es?

¿Tienes un maestro favorito? Podría ser una maestra en la escuela, tu maestro de Escuela Dominical, o hasta tu mamá o tu papá. La Biblia habla de un maestro que todos tenemos pero que nunca hemos visto. ¿Puedes adivinar quién es?

¡Es Dios! El libro de Isaías en la Biblia dice: «El Señor mismo instruirá a todos tus hijos, y grande será su bienestar». Todos nosotros somos hijos, así que Dios nos instruye a todos.

¿Cómo podemos aprender de un maestro invisible? Dios nos enseña a través de la Biblia. Es Su manual de instrucciones sobre cómo debemos vivir. Si escuchamos Su Palabra y hacemos lo que nos enseña, tendremos una vida más feliz. Esto no significa que nunca nos va a ocurrir nada malo. Pero si algo malo nos ocurre, Dios nos ayudará a superarlo. No tenemos que estar tan asustados. Eso es lo que Su paz hace por aquellos que confían en Él.

Así que no olvides escuchar con atención a los maestros que puedes ver, ¡y especialmente a Uno que no puedes ver!

Querido Dios, quiero ser un
buen estudiante y aprender
de Ti. Ayúdame a hacer lo
que Tu Palabra dice.

La dicha de un padre

He aquí, herencia de Jehová son
los hijos; cosa de estima el fruto del
vientre. Bienaventurado el hombre
que llenó su aljaba de ellos.

Salmo 127.3 (RVR1960)

El día que naciste fue uno de los días más felices en la vida de tus padres. Probablemente ellos tienen fotos de cuando eras un bebé. Tal vez en algunas estés llorando. O quizás tus padres te estaban dando comida, bañándote o simplemente sosteniéndote en sus brazos para que te sintieras amado. Ellos hicieron cosas muy importantes para ayudarte a crecer saludable y feliz.

¿Pero sabes que tú también haces cosas importantes para tus padres? Les haces felices simplemente siendo su hijo o su hija. A ellos les encanta escucharte reír. Se sienten orgullosos cuando aprendes algo nuevo. Y sobre todo, cuando sigues a Dios obedeciendo a tus padres y eres bondadoso, ¡ellos pueden casi reventar de la alegría!

La Biblia dice que los hijos son un regalo de Dios. Tal vez no cabes en una caja envuelta en papel de regalo y un lazo arriba, pero eres probablemente el mejor regalo que tus papás jamás han recibido. Dales un abrazo especial esta noche y diles lo mucho que los amas. Luego, espera a ver cómo se les ilumina el rostro de alegría.

Querido Dios, gracias por
mis padres. Yo los amo mucho.
Ayúdame a hacerlos felices
simplemente siendo yo.

Obedecer siempre

Hijos, obedezcan a sus padres en todo, porque esto agrada al Señor.

Colosenses 3.20

¿Alguna vez tu papá o tu mamá te pidieron que no hicieras algo, pero tú lo hiciste de todas maneras? Tal vez hasta pretendiste no haber escuchado lo que ellos te dijeron. ¿Cómo te sentiste? ¿Terminó de la forma que deseabas?

Usualmente, si desobedeces a tus padres, te vas a meter en problemas. No tiene un final feliz ni para ti ni para ellos. ¿Por qué no obedecer aun cuando no tienes el deseo? Tal vez, al principio, sientas un poco de coraje, pero más tarde notarás una chispa de alegría muy dentro de ti. Sabrás que hiciste lo correcto.

Nuestro versículo bíblico dice que los hijos deben obedecer a sus padres en todo porque eso agrada al Señor. Hacer siempre lo que tus padres te dicen es difícil. Es posible que pienses que tus padres son malos o que tú tienes una mejor manera de hacer las cosas. A veces simplemente no estás en el ánimo para hacer lo que ellos te piden. Pero cuando obedeces la primera vez que te piden que hagas algo, no sólo les haces felices a ellos, ¡tú te sientes muy bien! Y más importante aún, eso agrada a Dios. Así que levántate y obedece rápido. Te sentirás feliz de haberlo hecho.

Señor, no creo que pueda
obedecer a mis padres siempre.
Necesito Tu ayuda para hacerlo.
¿Podrías ayudarme? Gracias.

Recuerda

Recuerda decir siempre la verdad.

Hijo mío, obedece el mandamiento de tu padre y no abandones la enseñanza de tu madre. Grábatelos en el corazón; cuélgatelos al cuello. Cuando camines, te servirán de guía; cuando duermas, vigilarán tu sueño; cuando despiertes, hablarán contigo.

Proverbios 6.20-22

¿Cómo está tu memoria? ¿Te acuerdas de las canciones de los comerciales que ves en la televisión? ¿Se te hace fácil contar chistes que has escuchado? ¿Y qué tal te acuerdas de las cosas que te han enseñado tus padres sobre lo que es correcto y lo que es incorrecto? ¿Te acuerdas de eso?

En nuestras Biblias, Salomón fue el hombre más sabio que jamás haya existido. Él sabía que los padres siempre quieren lo mejor para sus hijos. Por eso es que ellos te enseñan lo que es bueno y lo que es malo. Ellos no quieren que te metas en aprietos ni que te hagas daño. Ellos quieren que sigas los caminos de Dios porque ellos saben que te llevarán a la mejor vida posible.

¿Alguna vez te has puesto una bufanda alrededor del cuello en el invierno? ¿Te sentiste más caliente y más cómodo? Salomón dice que debemos llevar las enseñanzas de nuestros padres alrededor del cuello como una bufanda. Te sentirás más cómodo cuando permites que sus enseñanzas te rodeen. Sentirás una calidez interior cuando escuchas sus voces recordándote que tomes buenas decisiones. Cuando recuerdas lo que ellos dicen, se te hará más fácil hacer lo correcto.

Esfuérzate en recordar lo que tus padres dicen. Obedece sus reglas, aun cuando ellos no estén cerca. Te sentirás tan calientito y cómodo como cuando llevas puesta tu bufanda preferida.

Dios, gracias por mis padres.
Algunas veces olvido lo que
ellos me enseñan. Ayúdame
a escucharlos detenidamente
para así poder vivir mi
mejor vida para Ti.

Tipo sabio

El hijo sabio es la alegría de su padre.
Proverbios 10.1

¿Qué hace realmente felices a tus padres? ¿Jugar golf? ¿Ver una película? ¿Leer un libro? La Biblia nos dice qué trae la mayor a alegría a tu mamá y papá. ¡Eres tú!

Cuando tomas buenas decisiones y vives de la forma en que Dios te dice que vivas en Su Palabra, les alegras el día a tus padres. Piénsalo bien. ¿Qué pasa cuando tomas malas decisiones? Te metes en problemas o hasta puedes encontrarte en una situación peligrosa, ¿correcto? Tus padres quieren que seas feliz y estés seguro. No es nada agradable cuando te castigan. Y a tus padres tampoco les gusta castigarte cuando desobedeces. Pero ellos saben que tienen que hacerlo para que puedas crecer y convertirte en el niño o la niña que Dios quiere que seas.

Si obedeces y decides hacer lo correcto, tus padres no se pondrán tristes cuando tienen que corregirte. Estarán contentos porque tomaste una decisión sabia ¡y también tú lo estarás!

Así que esfuérzate en ser un tipo sabio o una chica sabia. Alégrales el día a mamá y a papá obedeciendo desde la primera vez. ¡Las buenas decisiones hacen felices a todo el mundo!

Dios, quiero ser sabio y
hacer felices a mis padres.
Pero sobre todo, quiero
hacerte feliz a Ti. Ayúdame
a escuchar y a obedecer.

Cumplidor de promesas

Reconoce, por tanto, que el Señor
tu Dios es el Dios verdadero, el
Dios fiel, que cumple su pacto
generación tras generación, y muestra
su fiel amor a quienes lo aman y
obedecen sus mandamientos.

Deuteronomio 7.9

¿Alguna vez alguien no ha cumplido una promesa que te hizo? Espero que no, pero si te ha pasado, ¿cómo te sentiste?

Existe Alguien en quien siempre puedes contar para cumplir Sus promesas. Dios nunca, nunca ha dejado de cumplir ninguna promesa a nadie. Y nunca lo hará. Nuestro versículo bíblico en Deuteronomio dice que Él es el Dios fiel. Eso significa que puedes depender en lo que Él dice. Si Él lo dice, se cumplirá. ¡Él cumplirá Su promesa de amor por miles de eternidades! ¿Y por quién lo hace? Por todos los que le aman y obedecen Sus mandamientos.

Yo sé que tú amas a Dios. Y apuesto que también tratas de obedecer lo que la Biblia te enseña. No siempre lo haces exactamente bien, pero Dios entiende que todos cometemos errores. Él te ama de todas maneras y cumple Sus promesas en ti. No dejes de amar a Dios y sigue tratando de hacer lo que Él dice en Su Palabra. ¡Él se sentirá muy orgulloso de ti!

Dios es el mejor cumplidor de promesas en el mundo. Puedes contar con que Él estará cerca para ti en todo momento.

Señor, me siento feliz porque
sé que Tú siempre cumplirás
Tus promesas. Ayúdame
a amarte más y más, y a
obedecer Tus mandamientos.

Bendiciones o maldiciones

Hoy les doy a elegir entre la
bendición y la maldición.

Deuteronomio 11.26

Moisés tenía un trabajo enorme que hacer. Dios le había pedido que dirigiera a Su pueblo escogido, llamados los israelitas, fuera de Egipto, donde habían sido esclavos y les habían tratado muy mal. ¡Tres millones de personas! Moisés no pensaba que podía hacerlo. Pero Dios le dijo: «Yo te ayudaré».

Así que Moisés dijo que sí.

Mientras el pueblo vagaba por el desierto, Dios le dio a Moisés los Diez Mandamientos. Estas eran reglas para enseñarles cómo Dios quería que ellos vivieran. Moisés les habló a los israelitas de las reglas de Dios. Y luego dijo: «Hoy les doy a elegir entre la bendición y la maldición. Bendición, si obedecen los mandamientos de Dios; maldición, si los desobedecen». Una bendición significa que cosas buenas te ocurrirán. Una maldición quiere decir que cosas malas ocurrirán.

Hoy día, Dios nos da las mismas alternativas. Podemos decidir obedecerlo a Él y hacer lo mejor posible para vivir de la manera que Él quiere que vivamos, o podemos escoger hacer las cosas a nuestra manera. De acuerdo a la decisión que tomemos, seremos bendecidos por Dios o maldecidos por Él. A Dios le encanta bendecirnos, y se entristece cuando decidimos no seguirlo a Él. ¿Cuál va a ser tu decisión?

Querido Dios, quiero tomar
buenas decisiones, pero no
siempre sé qué es lo correcto.
Ayúdame a seguirte y a obedecer
Tu Palabra, la Biblia.

Súper héroe

Dios no es un simple mortal para
mentir y cambiar de parecer.
¿Acaso no cumple lo que promete
ni lleva a cabo lo que dice?

Números 23.19

¿**Cuál es** tu súper héroe favorito? ¿Qué poderes especiales tiene él o ella? Existe un súper héroe que es más fuerte, más poderoso y más extraordinario que cualquier otro. ¡Dios es el mejor Súper héroe de todos! Nuestro versículo bíblico en Números 23.19 dice que Dios no es humano como nosotros. Y esta es la mejor parte: Él no puede mentir. Y tampoco cambia de parecer.

A veces, los seres humanos pueden parecer fuertes. Pero todos se pueden enfermar, lastimar y hasta morir. Y no importa lo bueno que pueda ser un ser humano, todos pecan y mienten en algún momento. Pero Dios no. Él nunca se enferma ni se lastima. Y Él nunca morirá porque es inmortal. Eso significa que

Él no puede morir. Dios nunca peca ni miente ni hace nada indebido. Podemos confiar en Él completamente. Cuando Él dice algo, ocurrirá. Él no cambia de parecer. Dios dice en Juan 3.16 que Él amó al mundo de tal manera, que nos dio a Su único Hijo. Eso quiere decir que Él siempre nos ama, sin importar lo que hagamos, o que tan buenos o malos seamos. Él no cambiará de parecer.

¡Ese sí es un Súper héroe digno de adoración! ¿No te parece?

Querido Dios, gracias por
ser un Súper héroe en el que
siempre puedo confiar. Me
alegra saber que Tú no mientes
ni cambias de parecer. Te amo.

Eternamente

Tu palabra, Señor, es eterna,
y está firme en los cielos.
Salmo 119.89

Eterno es mucho tiempo. ¡Es para siempre! ¿No te parece a veces que toma realmente mucho tiempo para que llegue Navidad o tu cumpleaños todos los años? Eterno es mucho más que un millón de veces más largo que eso. Pero cuando estás hablando de algo realmente bueno que dure tanto, en vez de tener que esperar por algo, ¡es maravilloso!

La Palabra de Dios, la Biblia, es eterna. A diferencia de tu camiseta o pijamas favoritas, sus enseñanzas nunca te quedarán pequeñas. La Biblia es verdad y puede ayudarte siempre sin importar lo joven que seas ahora o lo viejo que vas a ser luego. Nuestro versículo dice que la Palabra de Dios continúa para siempre en los cielos. Eso significa que no va para ninguna parte, ni tampoco va a cambiar porque nosotros lo hagamos. Lo que dice es cierto, tanto ahora como cuando crezcamos.

¡Ese sí es un fundamento bueno y sólido sobre el que puedes edificar tu vida! Lee tu Biblia y haz lo que en ella dice. Puedes contar con la Palabra de Dios para que te dirija siempre en la dirección correcta, sin importar lo que te pase. Es confiable y verdadera, tal y como es Dios.

Señor, a veces no tengo deseos
de leer Tu Palabra. Ayúdame
a querer leer mi Biblia y
pasar tiempo contigo.

Un «sí» para Dios

Gracias, Jesús,
por morir en
la cruz por mis
pecados.

Todas las promesas que ha hecho
Dios son «sí» en Cristo.

2 Corintios 1.20

¿Has oído del tipo de gente que dice que sí a todo? Es una persona que hace cualquier cosa que alguien le pide que haga. Siempre está de acuerdo con lo que esa persona dice. Esto puede ser peligroso porque la persona con la que está de acuerdo puede pedirle que haga algo que no debería hacer.

Sin embargo, siempre podemos decirle sí a Dios. Él siempre tiene la razón. Él nunca nos pedirá que hagamos algo incorrecto. Jesús hizo eso con Dios mejor que nadie. Él nunca pecó, porque siempre hizo lo que Su Padre le pidió. Nuestro versículo bíblico dice que Dios hizo muchas promesas. Jesús estampó Su «sí» en cada promesa porque Él creía que todo lo que Dios dijera iba a pasar. Dios le pidió a Jesús que hiciera muchas de las cosas que también Él nos pide a nosotros. Él quería que Jesús obedeciera a Sus padres, que fuera amable con los demás, y que fuera Su amigo. Pero entonces, Dios le pidió a Jesús que hiciera algo que nunca nos pedirá a nosotros que hagamos. Le pidió a Jesús que muriera por nuestros pecados. ¡Jesús confiaba tanto en Dios que hasta para eso dijo sí!

Nosotros también podemos confiar en Dios. Él nos ama tanto como ama a Jesús. ¿Puedes decirle sí a Dios?

Señor, es difícil confiar en
Alguien que no podemos
ver. Ayúdame a decir «sí»
a cualquier cosa que Tú
me pidas que haga.

Dulces sueños

Que el amado del Señor repose seguro
en él, porque lo protege todo el día y
descansa tranquilo entre sus hombros.

Deuteronomio 33.12

¿Tienes problemas

para dormir? Algunas veces es difícil cerrar los ojos e ir más despacio luego de un día muy ocupado. Las preocupaciones tal vez ronden tu cabeza cuando te vas a la cama. Los temores entran furtivamente cuando está oscuro.

Algunas personas cuentan ovejitas cuando no pueden dormirse, pero yo tengo una mejor idea. La próxima vez que tengas problemas para quedarte dormido, piensa en Jesús, el Buen Pastor, y recuerda el versículo bíblico de hoy. Tú eres a quien el Señor ama y puedes descansar tranquilo en Él. Él te cuida todo el día y toda la noche. Imagínate sentado en las rodillas de Dios, acurrucado en su falda. Sus fuertes brazos abrazándote, y tu cabeza descansando en Su pecho, mientras Él te arrulla. ¿Puedes escuchar Su enorme corazón divino latiendo? ¡Dios te ama con locura! Él te ha prometido Su amor y protección. Él te dará un descanso seguro toda la noche. No tienes de qué temer.

El Salmo 121.3 dice: «[El Señor] No permitirá que tu pie resbale; jamás duerme el que te cuida». Dios se mantiene despierto toda la noche para cuidarte.

Así que cierra tus ojos y disfruta de un sueño placentero. Dios está cerca. Él no se irá de tu lado. ¡Dulces sueños!

Gracias Dios, por estar conmigo
mientras duermo. Calma mis
temores y ayúdame a confiar
en Ti. Buenas noches.

Plan de vida

El Señor cumplirá en mí
su propósito.
Salmo 138.8

Dios tiene un plan de vida para ti. ¡Me pregunto qué será! Tal vez serás un científico que descubrirá nuevos planetas, o una mamá que se quede en casa. Quizá serás una misionera al otro lado del océano o un buen vecino en tu propia ciudad.

No tienes que conocer el plan de Dios para ti en este momento. Simplemente tienes que seguir amándolo y haciendo lo que Su Palabra dice. A medida que vayas creciendo y te vayas interesando en cosas nuevas, tal vez descubras algunas pistas acerca del plan de Dios para ti. ¡O es posible que descubras cosas que no te gusta hacer! Y eso está bien, porque Dios te creó justo a la medida para que puedas hacer lo que Él quiere que hagas según vas creciendo. Eso que no te gusta hacer probablemente no es lo que Dios tiene en mente para ti. Sin embargo, presta atención a lo que sí te gusta. ¿Te gusta dibujar? ¿Leer? ¿La música? ¿Construir cosas? ¿Pasar tiempo con niños más chicos? ¿Ayudar a los ancianos? Tal vez Dios te va a ayudar a usar estas cosas para servirle a medida que creces.

¡Dios está dando forma a la persona que Él quiere que seas para que así puedas realizar correctamente Su plan de vida para ti!

Dios, me alegra saber que
Tú tienes un plan para mí.
Gracias por mostrarme Tu
plan poco a poco, según
voy creciendo. Te amo.

Niño de Su reino

«No tengan miedo, mi rebaño pequeño, porque es la buena voluntad del Padre darles el reino».
Lucas 12.32

Hay días cuando parece que nada sale bien. Te metes en problemas por cosas que ni siquiera querías hacer. Puede parecer hasta que Dios está tratando de tenderte una trampa para que eches a perder las cosas. ¿Pero sabes qué? Dios está de tu lado. Él quiere ayudarte a hacer lo correcto. Él quiere que estés en Su reino, y no puede esperar para pasar «para siempre» contigo.

Nuestro versículo dice que a Dios le hace realmente feliz darte Su reino. Él está esperando el día cuando enviará a Jesús de vuelta a la tierra para establecer este reino. Va a ser una gran fiesta, ¡y tú serás uno de los niños de Su reino! ¡Serás un príncipe o una princesa! Disfrutaremos de una extraordinaria cena junto a otros creyentes de todo el mundo. Y hasta veremos a personas que amaron a Jesús, pero que murieron antes de que Él regresara. Ellos vivirán otra vez y será una maravillosa celebración.

Pero sobre todo, vamos a vivir con Dios. Igual que nosotros, Él está esperando ese gran día cuando podamos vivir juntos para siempre. ¡Qué feliz será ese día!

Dios, me alegro de que quieras estar conmigo por siempre. Es también lo que quiero. Tengo un gran abrazo para darte cuando te vea en Tu reino.

Tierno y compasivo

Querido Dios, no ha sido un buen día. Gracias por estar siempre aquí para escucharme.

Tan compasivo es el Señor
con los que le temen como lo
es un padre con sus hijos.

Salmo 103.13

Piensa en un momento en que tuviste un mal día y te sentiste triste. Tal vez fuiste donde tu mamá o tu papá para contarles. ¿Qué esperabas que ellos hicieran? Quizás abrazarte fuerte y dejarte llorar. O susurrarte: «Sabes que te amo. Todo va a estar bien». Probablemente querías que alguien fuera tierno y compasivo contigo.

Algunas veces, tu mamá y tu papá también tienen días difíciles. Tal vez están muy cansados para escucharte tanto como quisieras. Quizás están ocupados preparando la cena o cortando el césped. Sin embargo, aun cuando parece que no tienen suficiente tiempo para ti, siempre desearían tenerlo. Ellos te aman mucho.

Sea que tus papás hagan o no lo que

tú quisieras que hicieran en esos días, siempre puedes contar con que Dios te escucha. Él nunca está apurado ni demasiado ocupado para escuchar sobre eso que te incomoda. Dios es siempre tierno con todo el que le respeta. Y Él siempre puede ayudarte con tus problemas.

Así que habla con tus padres siempre que puedas. Pero no te olvides de hablar también con Dios. ¡Él siempre está ahí para ti!

Gracias Dios por ser tan tierno y compasivo conmigo. Sé que te preocupas por mí y que siempre me escuchas cuando te hablo.

Haz lo justo

Dichosos los que practican la justicia
y hacen siempre lo que es justo.
Salmo 106.3

Es importante ser justos con los demás. A nadie le agrada la gente que hace trampa y es deshonesta. Eso pone triste a Dios.

Algunas veces tus amigos pueden hacer algo que tú sabes que no es correcto o justo. ¿Qué debes hacer? Hace falta mucho valor para decirles que lo que hicieron no fue justo. Podrías sugerir otra manera de hacer las cosas. No debes participar de lo que hacen tus amigos si sabes que es algo indebido.

Nuestro versículo dice bendecidos, o dichosos, son aquellos que hacen lo que es justo y siguen haciendo lo correcto. Tal vez tengas que decidir hacer lo que es correcto una y otra vez. Debes hacer el bien tantas veces como puedas. Hasta los adultos tienen que decidir hacer lo correcto una y otra vez. Gálatas 6.9 dice: «No nos cansemos de hacer el bien, porque a su debido tiempo cosecharemos si no nos damos por vencidos».

Así que sigue practicando hacer lo que es correcto mientras vas creciendo, para que ya seas un experto cuando llegues a adulto. Alcanzar la vida eterna bien lo merece. ¡No te rindas!

Dios, quiero vivir una vida
feliz siendo justo y haciendo
lo que es correcto. Ayúdame a
no cansarme de hacer el bien.

¡Maldiciones!

Sin embargo, por el amor que el Señor tu Dios siente por ti, no quiso el Señor escuchar a Balán, y cambió la maldición en bendición.

Deuteronomio 23.5

Balán era un profeta. Un rey llamado Barac ofreció pagarle mucho dinero a Balán para que dijera cosas malas sobre el pueblo especial de Dios, los israelitas. Balán trató de hacerlo, pero no pudo. Tuvo que decir lo que Dios le dijo que dijera y nada más. Pero esto era un problema muy grande porque él sabía que el rey Barac se enojaría.

Así que tres veces Balán fue a hablar con Dios. Y en cada ocasión, Dios le dijo a Balán que no dijera cosas malas sobre los israelitas, y que en lugar de eso, les bendijera. Cuando Balán le dijo al rey Barac que Dios bendeciría a Israel, el rey frunció el ceño. «¡Te dije que maldijeras a los israelitas, pero tú sigues bendiciéndoles!»

Balán contestó: «Sólo puedo decir lo

que Dios me dice que diga. No puedo desobedecer a Dios».

Balán hizo lo correcto al obedecer a Dios, aun cuando fue difícil. ¿Has tenido que hacer esto alguna vez? ¿Fue fácil o difícil? Ora a Dios para que te ayude a ser lo suficientemente valiente para hacer el bien aun cuando eres el único que lo hace, como Balán.

Querido Dios, quiero hacer
lo correcto. Ayúdame a ser
fuerte para Ti y a tomar
buenas decisiones aun
cuando sea difícil hacerlo.

La mejor recompensa

«Por el contrario, amen a sus
enemigos, háganles bien y denles
prestado sin esperar nada a cambio.
Así tendrán una gran recompensa».
Lucas 6.35

¿Alguna vez has visto un afiche en el que ofrecen una recompensa por un perro perdido? Si la recompensa es de diez dólares, tal vez mantengas los ojos abiertos para encontrar al perro. Pero si es de mil dólares, ¡quizás pases mucho tiempo adicional tratando de encontrarlo! La cantidad de la recompensa te dice cuán importante es algo para la persona que la ofrece. Mientras más alta la recompensa, más importante es tu ayuda para esa persona.

La Biblia nos dice cómo podemos ganar una enorme recompensa. Todo lo que tenemos que hacer es amar a nuestros enemigos y hacerles bien. Si les prestamos algo, no debe preocuparnos si no nos lo devuelven. Si hacemos estas cosas, tendremos una gran recompensa. ¿Y quién crees que pegó ese afiche de recompensa? Dios lo pegó en nuestras Biblias en Lucas 6.35. Y como Él ofrece una recompensa tan alta, sabemos que es importante para Él que lo hagamos.

¿Acaso es fácil amar a nuestros enemigos? No. Encontrar a un perro perdido tampoco lo es. Pero hacer lo que Dios nos pide siempre merece la recompensa que Él nos ofrece: ¡vivir con Él para siempre! ¡Y eso es mejor que un millón de dólares!

Dios, es difícil amar a la gente que no nos gusta. Ayúdame a amarlos de todos modos y a encontrar algo bueno en ellos. Deseo Tu recompensa.

El gran «sí»

Dios, ayúdame a perdonar.

«Porque si perdonan a otros sus ofensas, también los perdonará a ustedes su Padre celestial».

Mateo 6.14

¿Alguna vez alguien ha provocado que te dé mucho coraje? Sabías que debías perdonar a tu amigo, pero simplemente no querías hacerlo. ¡Querías seguir enojado! ¿Por qué debes perdonarlo después de lo que te hizo?

Perdonar a las personas es lo que debemos hacer, y eso alegra a Dios. Pero hay otras dos razones por las que debes perdonar.

La primera está en nuestro versículo. Dice que si perdonas a otros, entonces Dios te perdonará a ti también. «Si» significa que es una decisión. No tienes que hacerlo. Pero si lo haces, entonces Dios te perdonará por tus pecados. Eso quiere decir que si no perdonas, tampoco Dios lo hará. Esa es tal vez parte de la razón por la que Dios se entristece cuando no perdonas. A Él le encanta perdonarnos.

La segunda razón es que cuando perdonamos nosotros nos sentimos mejor. No es que esté bien lo malo que nos hizo esa persona. Pero cuando seguimos enojados, hace que nos duela el estómago y nos convertimos en una persona no muy agradable. Entonces, tal vez provoquemos que otros a nuestro alrededor también se enojen, ¡justo como hizo la persona que te lastimó!

Así que perdona a otros, y entonces Dios puede perdonarte a ti. Todos cometemos errores y necesitamos perdón.

Querido Dios, ayúdame a no seguir con coraje con la gente. Necesito tu ayuda para perdonarles. Gracias por perdonarme cuando yo perdono a los demás.

Ser veraz

Si confesamos nuestros pecados, Dios,
que es fiel y justo, nos los perdonará
y nos limpiará de toda maldad.

1 Juan 1.9

¿Alguna vez has roto algo que tus papás te dijeron que no tocaras? ¿Les dijiste lo que pasó de inmediato o esperaste a que encontraran los pedazos rotos?

A la verdad que asusta mucho cuando tenemos que admitir que hicimos algo mal. Podrías meterte en problemas. Tus padres podrían enojarse. Y aun si no lo dices, sientes algo muy incómodo en tu interior pues sabes que estás guardando un mal secreto.

¡Tengo buenas noticias para ti! Dios nunca se enoja cuando te acercas a Él y le dices que hiciste algo incorrecto. Puede que se sienta triste porque tomaste una mala decisión, pero Él siempre se alegra que le digas. Él quiere perdonarte y ayudarte a tratar de hacerlo mejor la próxima vez. Es posible que todavía veas algunas consecuencias tristes porque pecaste, pero eso es sencillamente Dios tratando de ayudarte a aprender a no hacerlo otra vez. Él siempre es justo, pase lo que pase. Él quiere ayudarte a que estés limpio y puro en tu interior.

¿Y sabes qué? Tus padres se sienten de la misma manera. Ellos prefieren que les digas cuando haces algo incorrecto que descubrirlo luego por cuenta propia. Así que respira hondo, y diles la verdad. Dios te ayudará.

Dios, quiero ser puro. Ayúdame
a ser lo suficientemente valiente
para decirles a mis padres
la verdad cuando hago algo
incorrecto. Gracias por amarme.

Lector de la mente

«Antes que me llamen, yo les responderé; todavía estarán hablando cuando ya los habré escuchado».
Isaías 65.24

¿Alguna vez te has lastimado y has corrido adonde tus padres llorando? Mamá o papá tal vez pasaron mucho trabajo tratando de entender lo que te pasó porque no podías hablar debido a tu llanto. A menos que estuvieras sangrando, nadie podía entender qué te pasaba. Quizás te pidieron que les mostraras dónde te dolía.

Tus padres te quieren mucho y detestan verte herido o triste. Dios es igual. Él quiere hacernos sentir mejor, tal como tu papá y tu mamá. Pero Dios es algo distinto. Él sabe lo que está mal aún antes de que te acerques a Él llorando. Y para cuando ya estás lo suficientemente calmado para contarle, Él ya te está ofreciendo la ayuda que necesitas. Esto es así porque Dios ve todo lo que te ocurre y sabe cómo te sientes al respecto. ¡Él siempre está contigo y puede leer tu mente!

Así que la próxima vez que corras llorando donde mamá o papá, recuerda que Dios ya está ocupado trabajando en la respuesta para tu problema. Él te ayudará aún antes de que tengas tiempo de pedírselo porque Él te ama mucho.

Dios, gracias por siempre estar
cerca de mí y por saber justo
lo que necesito. Confío en que
harás todo lo que necesito
cuando algo me lastima.

Ajuste de cuentas

«¡Y bendita seas tú por tu buen juicio,
pues me has impedido derramar sangre
y vengarme con mis propias manos!»
1 Samuel 25.33

El rey

David y sus hombres habían estado viajando por mucho tiempo. En este viaje, tenían que pasar por la tierra de un hombre llamado Nabal. Ellos esperaban que él fuera amable con ellos y les diera algo de comida y agua. Después de todo, David había sido amable con Nabal cuando este pasaba por su tierra.

Pero Nabal fue muy grosero y no ayudó a David ni a sus hombres. Uno de los mensajeros de este hombre poco amable fue donde la esposa de Nabal, Abigaíl, y le dijo: «¡Nabal se negó a ayudar al rey David!» El mensajero tenía miedo que David fuera a matar a su amo. De inmediato, Abigaíl le llevó muchos alimentos y bebidas al rey, y le dijo lo apenada que estaba por la manera en que su esposo se había comportado. Ella le dijo a David: «No haga nada indebido mientras viva». Ella lo alentó a hacer lo que agradaría a Dios.

David le agradeció a ella porque lo ayudó a que no ajustara cuentas con Nabal. Él sabía que Dios se encargaría de la mala conducta de Nabal.

¿Hay alguna gente que te enoja? ¿Quieres ajustar cuentas con ellos o lastimarles? Dios quiere que seamos amables y amorosos. Déjale el ajuste de cuentas a Él.

Dios, a veces me enojo tanto
que quiero lastimar a la gente.
Ayúdame a ser amable y a
dejarte a Ti el ajuste de cuentas.

Algo en qué reflexionar

Da de comer a quienes le temen;
siempre recuerda su pacto.

Salmo 111.5

¿Alguna vez has escuchado a tus padres preocupados porque no saben cómo van a pagar sus cuentas? O tal vez les pediste algo en la tienda y te dijeron: «No, no tenemos suficiente dinero».

Hay muchas cosas que queremos, pero realmente sólo unas pocas que realmente necesitamos. Necesitamos comida y agua. Necesitamos un lugar donde vivir. Necesitamos ropa. Pero sobre todo, *necesitamos* que Jesús nos limpie de nuestros pecados.

Nuestro versículo de hoy promete que Dios dará alimento a aquellos que le temen. No dice que la comida va a ser tu cena favorita, y con un helado como postre. Pero Él siempre nos provee justo la suficiente comida para cada día. Puede que sean vegetales. ¡Podría ser un bistec! O puede que sea pizza, o un sándwich de jalea y mantequilla de maní.

Nuestro versículo nos dice que Dios siempre recuerda su pacto. Un pacto es una promesa. Él siempre se acordará de darte alimentos si tú te acuerdas de respetarlo. Respeto es admirar a alguien y honrarle. Una manera en que puedes hacerlo es dándole gracias por cualquiera sea la comida que Él te da hoy, ¡sea que te guste o no!

Gracias Dios, por todos los
tipos distintos de comida que
Tú nos das. Me gustaría que
todas supieran tan buenas
como _____.
Pero aunque no sea así, de
todos modos, ¡gracias!

Sin preocupaciones

«Así que no se preocupen diciendo: "¿Qué comeremos?" o "¿Qué beberemos?" o "¿Con qué nos vestiremos?" Porque los paganos andan tras todas estas cosas, y el Padre celestial sabe que ustedes las necesitan».

Mateo 6.31-32

¿Qué cosas te preocupan? ¡Tal vez que te dejen con una nueva niñera? ¿Un examen difícil en el colegio? ¿Escuchar a tus padres discutiendo? Hay muchísimas cosas que nos causan preocupación. Ahora bien, ¿qué puedes hacer cuando la preocupación toma el control?

Cuando esa incómoda sensación de preocupación se va acercando poco a poco, lo mejor que puedes hacer es orar. Si algo te preocupa, entonces también le importa a Dios. A Él le interesa todo lo que provoca que Sus hijos se sientan mal. ¡Pero para nada se sorprende con tus preocupaciones! Nuestro versículo dice que Dios sabe exactamente lo que necesitamos y lo que nos preocupa, y Él tendrá un excelente cuidado de nosotros. Así que no necesitamos preocuparnos como las personas que no conocen a Dios. Ellos no entienden cuán poderoso es Dios y cuánto Él puede ayudarles. Pero nosotros sabemos que podemos confiar en Dios para que supla nuestras necesidades. ¡No te preocupes!

Así que la próxima vez que la preocupación se cuele en tu mente, recuerda volver tu mirada a Dios. Pídele que te ayude a no tener miedo. A Él le fascina cuidarte, y puedes confiar en que Él hará que tus preocupaciones desaparezcan. ¡Qué alivio!

Dios, yo sé que puedo
confiar en Ti, pero aún
así, a veces me preocupo.
Ayúdame a hablar contigo
sobre mis preocupaciones y
ayúdame a no tener miedo.

«¡Soy una rama!»

«Yo soy la vid y ustedes son las ramas.
El que permanece en mí, como yo en
él, dará mucho fruto; separados de
mí no pueden ustedes hacer nada».

Juan 15.5

¿**Alguna vez** has sembrado una planta? Tuviste que colocarla donde le diera el sol y echarle agua. ¿Qué pasó cuando una de las ramitas verdes y saludables se partió y se desprendió de la planta? ¿Siguió creciendo la ramita o comenzó a morirse?

Jesús dijo que Él es la vid y que nosotros somos como ramas de la vid. Como cualquier otra planta, las ramas tienen que mantenerse pegadas a la planta o morirán. ¡No pueden hacer nada sin la vid! Pero si se mantienen unidas a ella, entonces crecen fuertes y dan frutos o flores.

Si nos mantenemos unidos a nuestra Vid —Jesús— nos mantendremos fuertes, y creceremos hasta convertirnos en las personas que Dios quiere que seamos.

¿Y cómo será nuestro «fruto» si nos mantenemos conectados a Jesús? Gálatas 5.22-23 nos dice: «En cambio, el fruto del Espíritu es amor, alegría, paz, paciencia, amabilidad, bondad, fidelidad, humildad y dominio propio. No hay ley que condene estas cosas».

Así que mantente unido a Jesús leyendo la Biblia, orando y viviendo de la mejor forma posible para Él. ¡Porque no puedes hacer nada sin tu Vid!

Jesús, quiero permanecer
unido a Ti. ¡Tomémonos de
las manos y no nos soltemos
nunca! Ayúdame a dar buenos
frutos que te agraden.

«¡Demuéstralo!»

«Mi Padre es glorificado cuando
ustedes dan mucho fruto y muestran
así que son mis discípulos».
Juan 15.8

«¡Tú no eres cristiano!»

«¡Sí, lo soy!»

«¡Demuéstralo!»

¿Qué harías si alguien te dijera esto? ¿Qué podrías hacer para que alguien crea que amas a Jesús?

En nuestro versículo de hoy, Jesús nos da la respuesta. «Mi Padre es glorificado cuando ustedes dan mucho fruto y muestran así que son mis discípulos». Los discípulos de Jesús lo aman y siguen Sus enseñanzas. Si damos muchos frutos, hacemos feliz a Dios y demuestra que somos cristianos.

¿A qué tipo de frutos Él se refiere? ¿Manzanas y naranjas? No. Es el fruto del que aprendimos en Gálatas 5.22-23. Cuando amamos al prójimo y vivimos alegres y en paz, les demostramos a los demás que somos seguidores de Jesús. Si somos pacientes, amables y buenos cuando otros son impacientes, tienen coraje y son groseros, la gente ve que somos diferentes a todo el mundo. Y cuando hacemos lo que decimos que vamos a hacer y somos bondadosos y mantenemos la calma, la gente quiere estar con nosotros porque Jesús brilla a través de nosotros.

Así que demuestra que eres un amigo de Jesús dando muchos frutos. Y cuando lo haces, ¡Dios se alegra muchísimo!

Señor Jesús, gracias por decirnos cómo demostrar que somos Tus seguidores. ¡Ayúdame a dar muchos frutos para Ti!

Extraordinario

Pues bien, dile a mi siervo David
que así dice el Señor Todopoderoso:
«Yo te saqué del redil para que, en
vez de cuidar ovejas, gobernaras a mi
pueblo Israel. Yo he estado contigo
por dondequiera que has ido…Y
ahora voy a hacerte tan famoso
como los más grandes de la tierra».

2 Samuel 7.8-9

El David de la Biblia una vez fue un niño como tú, con muchas tareas que hacer. No era nadie especial. Una de sus tareas era cuidar las ovejas de su padre. Tal vez quería jugar, pero en lugar de eso, tenía que cuidar las ovejas.

Cuando David era adolescente, mató al gigante Goliat. Luego, llegó a ser rey de Israel. Dios le hizo a David la promesa especial de que lo haría famoso y que su nombre sería conocido por todo el mundo. ¡Eso parece tener mucha importancia! Dios prometió esto porque David lo amaba mucho. Dios veía a David tratando de hacer lo correcto y obedeciendo a sus padres y a Él a medida que crecía. Él hizo sus tareas y trató de no quejarse. Dios le dijo a David que Él había estado a su lado dondequiera que él había ido: desde los campos donde cuidó a las ovejas hasta el palacio real. ¡Dios tomó a un chico común y corriente y lo ayudó a convertirse en un extraordinario matón de gigante y en rey!

Quizás ahora te sientes común y corriente, pero Dios tiene planes extraordinarios para ti también. Él estará contigo dondequiera que vayas, tal como estuvo con David. ¡Me pregunto qué Dios hará contigo!

Dios, ayúdame a hacer mis
tareas sin quejarme. A medida
que crezca, quiero ser alguien
importante en Tus ojos, como
David. Por favor, acompáñame
dondequiera que voy.

Buenos regalos

Los hijos son una herencia
del Señor, los frutos del vientre
son una recompensa.

Salmo 127.3

¿Te gusta recibir regalos? Eso es lo que hace que tus cumpleaños sean tan divertidos, ¿no es cierto? ¿Cuál es el mejor regalo que jamás hayas recibido? ¿Quién te lo dio?

Tu mamá y tu papá recibieron un regalo maravilloso hace algunos años, algo que ellos deseaban mucho. Casi no podían esperar a que llegara. Ellos planificaron y se prepararon para así estar listos para recibir este regalo especial. Tal vez hasta contaron los días hasta que llegó. ¿Sabes cuál fue ese regalo especial? ¡Eres tú! ¿Sabes quién les dio ese regalo? Fue Dios. Tú eres uno de sus regalos más preciados.

A Dios le encanta hacerles regalos a sus hijos. Eso incluye a tus padres, aun cuando ellos ya son adultos y ya no lucen como niños. La Biblia nos dice en Santiago 1.17 que todo regalo bueno y perfecto viene de Dios. Por lo tanto, siempre que recibas un regalo que te guste mucho, no olvides dar las gracias a la persona que te lo dio, ¡y a Dios! Él es el mejor dador de regalos.

Gracias Dios por darme a mis padres. Ellos me cuidan muy bien y yo los amo mucho. Ayúdame a ser siempre un maravilloso regalo para ellos.

Orgullo familiar

La corona del anciano
son sus nietos; el orgullo de
los hijos son sus padres.
Proverbios 17.6

¿Qué es lo que a ti o a tus amigos más les gusta de los abuelos? ¿En qué son diferentes los abuelos y los padres?

Tú y tus abuelos se parecen en algunas cosas. Tal vez te parezcas físicamente a ellos, o hasta actúas como ellos. Pero hay algo más que es igual. ¿Sabes lo que es? Es el orgullo familiar. Ellos se sienten muy orgullosos de ti y de la manera en que estás creciendo. Les enseñan tus retratos a todas sus amistades. ¡Ellos piensan que casi todo lo que haces es maravilloso!

Hay alguien de quien puedes sentirte orgulloso también y son tus padres. Ellos trabajan arduamente para cuidar de ti. A ellos les encanta estar contigo y estoy segura que sabes cómo hacerlos reír.

Nuestro versículo dice que los abuelos se sienten orgullosos de sus nietos, y que los hijos deben sentirse orgullosos de sus padres. ¿Te sientes orgulloso de tus padres? ¿Quieres que tus amigos los conozcan y vean lo divertidos que son?

Cuando ores, recuerda dar gracias a Dios por tus extraordinarios padres y por todo lo que ellos hacen por ti. ¡Estoy segura que tus padres y tus abuelos dan muchas gracias por ti también!

Dios, gracias por mis abuelos
y por mis padres. Algunas
veces nos enojamos, pero me
siento feliz porque a pesar
de eso, todavía nos amamos.

«¡Seguro!»

Bueno es el Señor; es refugio en
el día de la angustia, y protector
de los que en él confían.

Nahúm 1.7

Cuando juegas «corre que te toco», algunas veces hay una «base» donde estás seguro. Cuando llegas a esa base, nadie puede tocarte o eliminarte del juego. Si alguien te está persiguiendo, y llegas a la base a tiempo, gritas: «¡Seguro!» para que sepan que no te pueden tocar. Y entonces tienen que perseguir a otro jugador.

El versículo de hoy dice que hay un lugar seguro al que podemos ir cuando estamos en problemas, igual que hay un lugar seguro al que vas cuando juegas «corre que te toco». Cuando corremos a Dios orando o diciéndole lo que nos molesta, Él se convierte en nuestro lugar seguro. Nuestro versículo dice que el Señor es bueno y que Él protege a aquellos que confían en Él. Es difícil confiar en un Dios que no podemos ver, pero Él es el único lo suficientemente poderoso para ayudarnos. ¡Él puede hacer cualquier cosa! Jeremías 32.17 dice: «¡Ah, Señor mi Dios! Tú, con tu gran fuerza y tu brazo poderoso, has hecho los cielos y la tierra. Para ti no hay nada imposible».

De manera que cuando estés en problemas, corre hacia Dios. Él es más poderoso que cualquier cosa que puedas imaginar. Y a Él le encanta ser un lugar seguro para Sus hijos.

Dios, me siento seguro cuando
hablo contigo. Gracias
por escucharme cuando te
cuento mis problemas y
por ser lo suficientemente
poderoso para ayudarme.

Castillo Dios

Jehová, roca mía y castillo mío, y mi
libertador; Dios mío, fortaleza mía,
en él confiaré; mi escudo, y la fuerza
de mi salvación, mi alto refugio.

Salmo 18.2

¿Has construido un castillo alguna vez? ¿De qué estaba hecho? ¿Nieve? ¿Sábanas y sillas? ¿Qué fue lo mejor de jugar dentro del castillo? Algunas veces los castillos tienen nombre. ¿Qué nombre le pondrías a tu castillo?

La Biblia también habla de un castillo. Pero este castillo es mejor que cualquiera que puedas construir. Nuestro versículo de hoy dice: «Jehová, roca mía y castillo mío, y mi libertador; Dios mío, fortaleza mía, en él confiaré; mi escudo, y la fuerza de mi salvación, mi alto refugio». Cuando sostienes una roca en tu mano y la aprietas fuerte, ¿qué pasa? ¿Acaso se rompe? No, se mantiene firme y no cambia. ¡Así es Dios! Y como Él es así de fuerte, nos puede mantener seguros.

Durante tiempos de guerra, los soldados se esconden en castillos o fuertes, y hasta pelean por ellos. Los castillos son su lugar seguro. Los protegen y los salvan de peligro. Eso es también lo que Dios hace por nosotros. Él nos protege y nos ofrece un lugar seguro donde escondernos cuando estamos asustados.

Así que la próxima vez que estés asustado, corre al Castillo Dios. ¡Él te salvará y te protegerá!

Gracias, Dios por ser mi lugar
fuerte y seguro. Ayúdame
a recordar que debo correr
hacia Ti cuando tengo miedo.

Lluvias de bendición

«Haré caer lluvias de bendición
en el tiempo oportuno».
Ezequiel 34.26

En una ocasión vi una película en la que llovía chicle en forma de bolitas. Si pudieras hacer que lloviera otra cosa que no fuera agua, ¿qué escogerías? ¿Dulces? ¿Helado? ¿Dinero? Nada sería tan bueno como la lluvia de Dios.

Dios nos hace una promesa maravillosa en el versículo de hoy. Él promete enviarnos lluvia justo en el momento oportuno. Y no cualquier tipo de lluvia, ¡lluvias de bendición! ¿Qué crees que esto significa? Recuerda que una bendición es algo bueno que ocurre o que alguien te da.

¿No sería extraordinario que Dios lloviera bendiciones sobre nosotros? Realmente, Él ya lo ha hecho. Mira a tu alrededor. Todo lo que ves es una bendición de Dios: tus juguetes, tu familia, la Biblia, los árboles, las flores, tus amigos, los animales, el sol, la luna. Sin embargo, a veces las bendiciones son cosas que no podemos ver como el amor, la alegría, la paz, el conocer a Jesús. ¿Qué bendición quieres que Dios llueva sobre ti y tu familia?

Nuestro versículo dice que Él enviará lluvias de bendición. No una llovizna, ¡sino un aguacero! A Dios le fascina bendecir a Su pueblo. ¡Así que abre tu sombrilla y prepárate para la lluvia!

Me encanta jugar en la lluvia,
Dios. Ayúdame a disfrutar
Tus lluvias de bendición tanto
como disfruto mojarme en ella.
Gracias por bendecirme.

Algo bueno de algo malo

Ahora bien, sabemos que Dios dispone todas las cosas para el bien de quienes lo aman, los que han sido llamados de acuerdo con su propósito.

Romanos 8.28

En ocasiones, cosas realmente malas le ocurren a la gente, aun a personas buenas que aman a Dios. Esto es difícil de entender. No existen respuestas para los porqué pasan esas cosas. Simplemente ocurren. Padres pierden sus trabajos, personas se enferman y mueren, llegan fuertes tormentas, y algunos papás y mamás se divorcian. Esos son momentos en nuestras vidas que nos asustan.

Pero siempre hay esperanza si amas a Dios. ¡Él puede hacer cualquier cosa! Él puede hacer que salgan cosas buenas de situaciones malas. Nuestro versículo de hoy promete que en Dios todo obra para bien de aquellos que lo aman. ¡Todo! Aun si es algo malo, Dios puede transformarlo y hacer que algo bueno resulte de eso. Es posible que no todo quede como era antes, pero será un nuevo tipo de bien para ti, quizás hasta mejor que como era antes. Tal vez aprenderás algo que te ayudará en tu vida, o quizá llegues a ser un mejor amigo de Dios como resultado de lo que pasó.

De modo que cuando las cosas se estén poniendo difíciles y algo malo ocurra, recuerda que puedes confiar en que Dios hará que todo obre para bien. Porque tú le amas y Él te ama.

Dios, cuando las cosas
cambian, a veces me da miedo.
Quiero que todo siga igual.
Ayúdame a confiar en que
Tú puedes cambiar en algo
bueno lo que parece malo.

Hermano mayor

«Pues mi hermano, mi hermana y mi
madre son los que hacen la voluntad
de mi Padre que está en el cielo».

Mateo 12.50

¿De cuántas personas se compone tu familia? ¿Sabes que tienes un hermano que tal vez no hayas contado?

Una vez, cuando Jesús estaba hablando con algunas personas, Él les dijo que cualquiera que obedece a Dios es parte de Su familia. ¿Obedeces a Dios? Entonces, ¡eres hermano o hermana de Jesús! Es muy divertido ser parte de la familia de Dios. Él es nuestro Padre en el cielo y Jesús es Su Hijo. Y como nosotros también somos hijos de Dios, eso convierte a Jesús en nuestro Hermano Mayor.

Algunos hermanos mayores son bastante molestosos. Jesús no es ese tipo de hermano. Él es del tipo que se queda a tu lado cuando otros chicos te molestan. Él te escuchará cuando algo te está molestando. Él se ríe y juega contigo. Él hace todas esas cosas, ¡sólo que no puedes verlo! Pero para nada Él es imaginario. ¡Él es real!

Jesús ama a los niños. Él ama especialmente a aquellos que hacen lo que Su Padre dice en Su Palabra. Un día, Él regresará a buscarte para que vivas con Él para siempre en Su casa. Así que mantente obedeciendo a Dios y disfruta el tener un Hermano Mayor tan extraordinario.

Jesús, gracias por ser el
mejor Hermano Mayor del
mundo. Ayúdame a obedecer
a Dios para que así pueda
estar listo para vivir contigo
cuando Tú regreses por mí.

Amor eterno

Pero el amor del Señor es eterno y siempre está con los que le temen; su justicia está con los hijos de sus hijos.

Salmo 103.17

¿Qué tan largo es eterno? ¡Es tan largo que es difícil de explicar! Nunca termina. Sigue y sigue y sigue... más veces de las que podemos decir «y sigue». ¿Qué te gustaría que fuera eterno?

Existe algo que es eterno. Es el amor de Dios por ti. Piensa en esto por un minuto. Dios te ama cuando le alabas. Él te ama cuando estás en la escuela o en la guardería. Él te ama cuando estás en casa o en casa de la abuela. Dios te ama cuando estás triste y cuando estás enfermo. Él te ama cuando estás haciendo boberías. Él te ama cuando eres amable. Te ama cuando estás enojado, cuando eres joven y cuando llegas a viejo. Dios te ama hasta cuando desobedeces.

¿Existe algún lugar o momento en el

que Dios no te ame? ¡No! Aun después de que mueras, el amor de Dios vivirá en tus hijos y en tus nietos. ¡El amor de Dios es gigantesco! Puedes estar agradecido porque Él te ama pase lo que pase. Él nunca podrá amarte más ni menos de lo que ya te ama. ¿No te provoca eso que quieras amar a Dios de vuelta? ¡Pues dale! ¡Hazlo! ¡Tírale un beso!

Dios, me alegra saber
que Tu amor es eterno, en
los días buenos y en los
malos. Yo Te amaré también
por siempre. Ayúdame a
demostrarte cuánto Te amo.

Camino allanado

Confía en el Señor de todo corazón,
y no en tu propia inteligencia.
Reconócelo en todos tus caminos,
y él allanará tus sendas.

Proverbios 3.5-6

¿**Has tratado** alguna vez de hacer algo por tu cuenta y ha terminado como todo un desastre? Quizás hasta tus padres te dijeron que lo hicieras de otra manera, pero no escuchaste. Es difícil no hacer las cosas a nuestra manera y hacerlas como quiere otra persona. Pero cuando Dios dice en Su Palabra que debes hacer algo de cierta forma, debes escuchar y obedecer.

Dios siempre quiere lo mejor para nosotros. Él quiere ayudarnos a ganar. Y Dios nunca comete errores. Por eso es que podemos confiar en todo lo que Él dice.

¿Alguna vez te has ido de excursión a pie y el camino se volvió algo pedregoso y se te hizo difícil caminar en él? Nuestro versículo de hoy nos dice que si permitimos que Dios nos dirija, Él quitará las piedras del camino para que sea más fácil seguirlo. Él quiere allanar nuestro camino para que no tropecemos y nos lastimemos.

A veces no seguimos a Dios. Tomamos un camino distinto. Pero ese camino es siempre más difícil de andar porque Dios sólo allana Su camino para nosotros. Así que evita darte muchos golpes en los dedos de tus pies y muchos rasguños en tus rodillas, y mantente en el camino de Dios. Puedes confiar que Él te dirigirá.

Dios, para nada me gusta darme
golpes en los dedos de mis pies,
así que Te doy gracias por
quitar las piedras de mi camino.
Ayúdame a confiar en Ti y a
mantenerme en Tu camino.

Subir al monte

¿Quién puede subir al monte del Señor? ¿Quién puede estar en su lugar santo? Sólo el de manos limpias y corazón puro, el que no adora ídolos vanos ni jura por dioses falsos.

Salmo 24.3-4

¿Qué significa subir al monte del Señor? Significa hacerse amigo de Dios. Es adorarlo y respetarlo. Se nos dice que hay tres cosas que podemos usar para comprobar si nuestra amistad con Dios está creciendo.

La primera es tener manos limpias y corazón puro. Esto significa que hagamos lo que es correcto y por las razones correctas. Limpiar tu cuarto sólo para hacer que tu hermano luzca mal es hacer lo correcto, pero por la razón incorrecta. No es tener un corazón puro.

Lo próximo en la lista dice que no debes adorar ídolos. Un ídolo es cualquier cosa que sea más importante que Dios. Si pasas más tiempo mirando la televisión, en lugar de hacer lo que tu mamá o tu papá te pidieron que hicieras, la televisión podría ser un ídolo para ti. O si prefieres quedarte a dormir en casa de tus amigos en lugar de ir a la iglesia en la mañana, tus amigos podrían convertirse en un ídolo para ti. Nada debe ser más importante que Dios.

Lo último es nunca decir mentiras. Todo lo que decimos debe ser completamente cierto.

Si estás mejorando en estas áreas, ¡entonces estás subiendo al monte del Señor! ¡Así que ponte tus botas cómodas para dar una larga caminata! ¡Estás en el camino correcto!

Dios, ayúdame a mejorar en
todas estas cosas. Quiero
ser un mejor amigo tuyo
y subir a Tu monte.

Dios maravilloso

¡Gracias, Jesús!

Señor, tú eres mi Dios; te exaltaré y alabaré tu nombre porque has hecho maravillas. Desde tiempos antiguos tus planes son fieles y seguros.

Isaías 25.1

¿Cuáles son algunas de las cosas que más te gustan de Dios? Cuando le hablas a Dios o a otras personas de esas cosas, lo estás exaltando y alabando tal como dice nuestro versículo. Vivir de la manera que hace feliz a Dios es otra forma de exaltarlo y alabarlo.

¿No te parece fantástico que podamos decir que Dios es nuestro? Podemos decir: «Señor, tú eres mi Dios», tal como lo hizo Isaías. Dios tiene suficiente amor para que lo compartamos y todavía le queda suficiente para repartir. Él es nuestro, y nosotros somos de Él.

Nuestro versículo dice que Dios ha hecho maravillas. ¿Puedes pensar en algo maravilloso que Dios haya hecho?

Dios tenía un plan aún antes de

haber hecho el mundo, ¡y ese plan Te incluía a ti! Él sabía que los seres humanos cometerían errores y pecados, así que Él planificó desde el principio que enviaría a Jesús para morir por nuestros pecados. Y lo hizo para que pudiéramos vivir con Él para siempre. ¡Y eso te incluye a ti también! Dios siempre hace lo que dice que va a hacer. Él hizo lo que planificó hace mucho tiempo, y todavía hoy Él cumple Sus promesas.

¡Ese es un Dios maravilloso!

Gracias Dios, por siempre
cumplir Tus promesas.
Ayúdame a exaltarte y
alabarte en todo lo que hago.

Nunca solo

En ti confían los que conocen tu
nombre, porque tú, Señor, jamás
abandonas a los que te buscan.

Salmo 9.10

¿Cuándo te sientes más solo o con miedo? Quizás es cuando vas a un sitio nuevo o en la noche cuando estás en tu cama. La mayoría de las personas, incluyendo a los adultos, se sienten solos o asustados algunas veces, y no hay nada malo en eso. Es perfectamente natural sentirse así.

Pero, esta es la buena noticia, no importa lo solo o asustado que te sientas, siempre hay Alguien que está contigo. Ese Alguien te ama mucho y siempre cuidará muy bien de ti. ¡Puedes confiar en ese Alguien más que en tu mamá o papá! ¿Puedes adivinar quién es? ¡Es Dios!

Nuestro versículo de hoy dice: «En ti confían los que conocen tu nombre». ¿Conoces a Dios? Si te sientes asustado con frecuencia, trata de conocerlo mejor. ¿Cómo llegas a conocer a tus amigos? Pasando tiempo y hablando con ellos, ¿cierto? Puedes hacer lo mismo con Dios leyendo la Biblia y hablando con Él por medio de la oración.

Nuestro versículo también dice que Dios no abandona a los que le buscan. Así que cuando necesites un amigo, habla con Dios. Él permanecerá justo a tu lado y nunca, nunca te abandonará. ¡Ese sí es un amigo que quieres conservar para siempre!

Dios, quiero que seas mi amigo eterno. Ayúdame a confiar en Ti para así no sentirme solo ni tener miedo. Gracias por siempre quedarte conmigo.

Se necesitan baterías

Pues Dios no nos ha dado un
espíritu de timidez, sino de poder,
de amor y de dominio propio.

2 Timoteo 1.7

¿Tienes algún juguete que use baterías? ¿Qué ocurre cuando las baterías se agotan? El juguete se pone más lento, y pronto deja de funcionar. Entonces tienes que conectarlo para recargar las baterías o ponerle baterías nuevas para que vuelva a funcionar.

¡Sabías que somos como un tipo de juguete operado por baterías? También necesitamos estar conectados a la fuente de energía para seguir funcionando al máximo. Cuando nuestras baterías comienzan a agotarse, nuestros espíritus se debilitan y nos asustamos. Nuestro espíritu es la parte más profunda de nuestro interior, donde habitan nuestras alegrías y nuestros temores. Sin embargo, cuando estamos completamente recargados, tenemos espíritus poderosos y amorosos, y podemos tener mejor dominio propio. ¡No nos metemos en tantos problemas!

¿Cómo recargamos nuestras baterías? Conectándonos con Dios. Necesitamos leer nuestras Biblias y hablar con Él por medio de la oración. Necesitamos ir a la iglesia para llegar a ser mejores amigos. Siempre necesitamos estar conectados con Dios. Él nos mantendrá recargados con Su Espíritu, para así tener fortaleza, amor y dominio propio.

¡Conéctate con Dios y mantén tu espíritu fuerte!

Gracias Dios por mantenerme recargado. Ayúdame a mantenerme conectado a Ti por medio de la lectura de mi Biblia y yendo a la iglesia, para así no tener miedo ni sentirme débil.

Absoluta y positivamente

Así que podemos decir con toda confianza: «El Señor es quien me ayuda; no temeré. ¿Qué me puede hacer un simple mortal?»

Hebreos 13.6

¿ De qué te sientes realmente seguro, algo que sabes que es absoluta y positivamente cierto?

De esto también puedes estar seguro: «El Señor es quien me ayuda; no temeré. ¿Qué me puede hacer un simple mortal?» (Hebreos 13.6). La Biblia dice que puedes sentirte absoluta y positivamente seguro de eso. Dios te va a ayudar.

Imagínate que algunos chicos bravucones te están molestando. ¿Cómo te sientes? ¿Asustado? ¿Con deseos de huir? ¿Enojado? Ahora, imagínate que tu poderoso y enorme Dios viene y se para detrás de ti. Él se alza imponente por encima de ti y de los bravucones. Él no dice nada, pero mira a los bravucones. Tú lo miras a Él, y Él te guiña un ojo y se sonríe. ¡Tienes a Dios de tu lado! Comparado con Dios, de pronto los bravucones se ven bien pequeñitos. ¡No te pueden hacer nada! Para tu sorpresa, huyen asustados.

Realmente no podemos ver a Dios, pero Él está ahí, y Él es tan real como tu mejor amigo. Él estuvo cerca de David cuando se enfrentó al gigante Goliat, y también estará ahí contigo. ¡Absoluta y positivamente!

Gracias Dios por estar a mi
lado. Sé que puedo confiar en que
Tú me vas a ayudar en cualquier
momento que Te necesite.
Ayúdame a no tener miedo.

Coronado de bendiciones

El justo se ve coronado de bendiciones.
Proverbios 10.6

Sabes que lo mejor es hacer lo correcto. Pero, ¿por qué es lo mejor? ¿Es simplemente para no meterte en problemas? ¿Porque hace feliz a mamá y a papá? Esas son buenas razones, pero hay otra en la que quizás no has pensado.

Nuestro versículo de hoy dice: «El justo se ve coronado de bendiciones». ¿Recuerdas quién nos da las bendiciones? ¡Es Dios! Cuando hacemos lo correcto, Dios se alegra, y eso es mucho mejor que hacer feliz a mamá y a papá. Si agradas a Dios haciendo lo bueno y tomando buenas decisiones, no vas a recibir simplemente bendiciones regulares y viejas. ¡Vas a ser coronado de bendiciones! Las bendiciones de Dios a veces son cosas que no podemos ver ni tocar, como amor, paz, alegría y esperanza. Y tampoco puedes comprarlas. Hay cosas que son demasiado buenas como para ponerle una etiqueta con precio. Nunca tendríamos el dinero suficiente para pagar por bendiciones como esas. ¡Pero serás rico gracias a las bendiciones recibidas de Dios!

Así que haz lo bueno y serás coronado de las ricas bendiciones de Dios. Y claro, ¡también es bueno no meterte en problemas y mantener felices a mamá y a papá!

Dios, ayúdame a tomar
buenas decisiones. Quiero
agradarte a Ti y no meterme
en problemas. Gracias por las
ricas bendiciones que me das.

Agarremos con fuerza

Mantengamos firme la esperanza
que profesamos, porque fiel es
el que hizo la promesa.
Hebreos 10.23

¿Tienes una sabanita especial o un juguete de peluche favorito que usas para dormir? Tal vez hasta lo llevas todo el día contigo para sentirte seguro y querido. A veces hasta parece que tu sabanita y tu peluche te devuelven el cariño con el que tú los tratas. Te hacen sentir muy bien en tu interior.

¿Qué ocurre si alguien intenta quitarte tu sabanita? ¿Se la das? ¡No! La agarras con fuerza y dices: «¡Es mía!» No la sueltas y peleas para que no te la quiten.

Hay algo más a lo que necesitas agarrar con fuerza tal como haces con tu sabanita o tu peluche. Es Jesús y la esperanza que Él da. Puedes amar a Jesús ahora que eres un niñito o una niñita. Y si te agarras con fuerza, lo vas a amar todavía cuando seas grande. Él siempre te da esperanza porque Él perdona tus pecados y te ayuda a vivir una vida buena. ¿Cómo lo sabemos? Porque Dios lo promete y nuestro versículo dice que Él es fiel. Eso significa que Él siempre cumple Su palabra.

Cuando abraces tu sabanita o tu peluche esta noche, piensa en Jesús. Agárrate con fuerza a Él y a la esperanza de la maravillosa vida que Él da.

Gracias, Dios, por siempre cumplir Tus promesas. Me siento feliz porque me amas. Ayúdame a agarrarme de Ti con fuerza y nunca soltarte.

Siempre fiel

Si somos infieles, él sigue
siendo fiel, ya que no puede
negarse a sí mismo.

2 Timoteo 2.13

¿Has querido alguna vez hacer lo correcto pero no lo hiciste? Tal vez no cumpliste una promesa o dijiste una mentira que no debiste decir. O quizá viste un programa que te habían dicho que no vieras. ¿Cómo te sentiste después?

Todos hacemos cosas indebidas a veces. Aun la gente grande. Pero la buena noticia es que Dios nos ama de todas maneras. No importa cuántas veces fallemos, Dios todavía quiere que nos subamos en Sus rodillas y nos acurruquemos en Sus brazos. Y mientras estamos ahí, es bueno decirle que lamentamos lo que hicimos. Él ni siquiera va a intentar hacernos sentir mal por lo que hicimos. ¿Por qué? Porque aun cuando nosotros cometemos errores, Dios es siempre fiel. Su amor por nosotros nunca va a cambiar. Él simplemente es así. No puede ser diferente. Si pudiera, entonces no sería Dios. Él tiene que ser fiel a quien Él es.

Así que la próxima vez que falles, recuerda que Dios te está esperando para abrazarte y mostrarte cuánto Él te ama. ¡Corre a Él! Dios es siempre fiel.

No puedo creer cuánto me amas,
Dios, pero me alegro de que
así sea. Ayúdame a decir lo
siento cuando tenga que hacerlo
y mejorar la próxima vez.

Tu Dios y Guía

¡Este Dios es nuestro Dios eterno!
¡Él nos guiará para siempre!
Salmo 48.14

A la cuenta de tres, dime todas las cosas fantásticas que puedas pensar sobre Dios. ¡Uno, dos, tres!

¿Sabes qué? Ese Dios maravilloso, extraordinario y fantástico que acabas de describir es tu Dios para siempre. ¿No es eso increíble? Él será tu Dios mientras vivas. Él nunca cambiará. Él nunca morirá. Él nunca perderá Su poder. Él siempre te amará. Este Dios es tu Dios por siempre y siempre.

Y Él te guiará hasta el final... ¡hasta que te pongas viejo y mueras! Él nunca se pierde ni te guiará al lugar equivocado. Él es el guía que sabe cómo llevarte a Su reino para que disfrutes el vivir allí con Él para siempre. Él no necesita un mapa. Él ya sabe cuál es la mejor ruta para que llegues. Y Él te va a guiar si tú simplemente le sigues. ¿Cómo haces eso? Leyendo tu Biblia y haciendo lo que en ella dice. Siguiéndolo cuando oras y viviendo de la manera en que Él quiere que vivas.

Así que sigue a tu Dios, tu Guía y nunca te perderás. ¡Y te encantará el lugar al que Él te llevará!

Me encanta saber que eres
mi Dios, ¡mío! Gracias por
guiarme a Tu reino enseñándome
la mejor manera de vivir.
Ayúdame a seguirte.

Jesús en mí

A éstos Dios se propuso dar a conocer cuál es la gloriosa riqueza de este misterio entre las naciones, que es Cristo en ustedes, la esperanza de gloria.

Colosenses 1.27

¿Te han dicho alguna vez que te pareces o que actúas como tu mamá o tu papá? Quizás hasta tengas el color de cabello de tu mamá o la risa contagiosa de tu papá. Eso es así porque, cuando naciste, ¡un poco de cada uno de ellos se mezcló para formarte a ti! ¿Algo misterioso, no es cierto?

La Biblia habla de un misterio aún mayor. No sólo hay un poco de mamá y de papá en ti, ¡sino que también hay un poco de Jesús! Cuando amas a Jesús y le pides que tome el control de tu vida, Él viene a vivir dentro de tu corazón. Y muy pronto, comienzas a parecerte y a actuar como Él. Lo mejor que alguien podría jamás decirte es: «¡Tú me recuerdas a Jesús!»

Cuando Jesús está en ti, puedes

esperar con ansia Su regreso para rescatarte de todos los problemas de este mundo. Y cuando Él lo haga, llegarás a ser exactamente como Él. Eso es lo que significa compartir la gloria de Dios. Ya no pecaremos, no lloraremos ni tendremos malos pensamientos. ¡Ese día será mejor que Navidad!

No dejes de amar a Jesús y aprende cómo Él quiere que vivas. Muy pronto, serás tal como Él.

Gracias Dios, por darme algo
mejor en qué esperar con
ansia que es mejor que la
Navidad. Ayúdame a ser cada
día más como Tu Hijo, Jesús.

Vida enriquecida

La bendición del Señor trae riquezas,
y nada se gana con preocuparse.
Proverbios 10.22

¿Qué significa ser acaudalado? Significa ser rico. Riqueza, usualmente, significa mucho dinero. Nuestro versículo dice: «La bendición del Señor trae riquezas». ¿Quiere esto decir que todo el que ama a Jesús tendrá mucho dinero? No. Tendrán algo mucho mejor.

Las bendiciones de Dios son mejores que todo el dinero en el mundo. Ellas nos ayudan a disfrutar la vida en maneras que el dinero no puede hacerlo. El dinero no puede comprar todo. Sólo puede comprar cosas. Pero la bendición de amor de Dios nos ayuda a sentirnos especiales porque sabemos que le pertenecemos a Alguien especial. Cuando las cosas no están marchando bien y tenemos problemas, la bendición de paz de

Dios nos ayuda a no sentirnos muy asustados. Y cuando sentimos que vamos a estallar de alegría, el gozo de Dios nos hace sentir más felices de lo que jamás creímos posible.

Saber que Jesús va a regresar para salvarnos de los problemas de este mundo nos da esperanza, otra de las maravillosas bendiciones de Dios. Y las bendiciones de Dios no traen con ellas ningún problema. Sólo cosas buenas.

Así que disfruta la vida enriquecida que traen las bendiciones de Dios. Serás más rico que el hombre más rico en el mundo.

Dios, te doy gracias porque
Tú me das bendiciones que
son mejor que el dinero.
Ayúdame a recordar buscar
Tus bendiciones todos los días.

«¡Llámame!»

¡Mamá, te necesito!

«Clama a mí y te responderé, y
te daré a conocer cosas grandes
y ocultas que tú no sabes».

Jeremías 33.3

¿Te has levantado alguna vez de una pesadilla y has llamado a tu mamá o a tu papá? Tal vez tuviste que llamar dos o tres veces antes de que uno de ellos te oyera. Cuando tus padres vinieron, ¿cómo te sentiste? ¿Te ayudaron a entender que la pesadilla no era real y que no debías tener miedo?

A pesar de lo extraordinario que son los padres cuando los llamas, Dios es aún mejor. Él te escucha la primera que lo llamas y viene corriendo. Él susurra a tu oído cosas que no sabías, cosas que sólo Dios sabe. Él te recuerda que estás fuera de peligro con Él.

Él te ayudará a entender cosas que no puedes comprender sin Su ayuda. Por ejemplo, cómo lidiar con ese bravucón en la escuela o cómo ser cortés cuando te acusan de algo que no hiciste. Dios te ayudará a entender cuando no tengas ideas de qué hacer. Puedes confiar en lo que Él te dice porque Él te ama y desea lo mejor para ti.

Así que anímate y llama a Dios. Escucha Sus pasos estruendosos y luego Su suave susurro en tu oído. Él tiene todas las respuestas correctas.

Dios, a veces me olvido
llamarte cuando necesito ayuda.
Recuérdame que Tú estás ahí
y quieres ayudarme. Confiaré
en Ti y Te escucharé.

En construcción

Estoy convencido de esto: el
que comenzó tan buena obra en
ustedes la irá perfeccionando
hasta el día de Cristo Jesús.

Filipenses 1.6

A veces, cuando los trabajadores están arreglando una carretera, colocan un letrero que dice «En construcción». Eso significa que todavía están trabajando y que la carretera puede estar desigual y polvorienta hasta que hayan terminado. Tenemos que ser pacientes hasta que terminen de trabajar, y entonces la carretera estará mejor que nunca.

¿Sabes qué? ¡Dios te colocó un letrero que dice «En construcción»! Él comenzó a trabajar en ti cuando naciste de nuevo. Él está arreglando todas esas cosas que no son muy agradables en ti. Él te está ayudando a ser mejor suavizando las palabras bruscas que dices que hieren los sentimientos de las personas. Él está esculpiendo tu corazón para que obedezcas a tus padres la primera vez que te pidan que hagas algo. Dios te está dando forma para que llegues a ser el mejor niño o la mejor niña posible.

¿Cuándo terminará Dios contigo? No será hasta que Jesús regrese. Pero puedes estar seguro de que Él nunca se rinde contigo, aun cuando cometes errores. Él simplemente sigue formándote pacientemente como un suave y enorme pedazo de barro. Así que no te preocupes si no siempre haces lo que sabes que debes hacer. Dios todavía no ha terminado contigo.

Dios, ayúdame a ser paciente
mientras Tú sigues trabajando
en mí. Quiero ser lo mejor
posible para Ti. Gracias
por no rendirte conmigo.

Amor desbordante

¡Oh, no!

Esto es lo que pido en oración: que el amor de ustedes abunde cada vez más en conocimiento y en buen juicio.

Filipenses 1.9

¿Has intentado alguna vez servirte algo de beber? Quizás llenaste tanto tu vaso que rebosó y se desbordó. ¡Tremendo reguero!

El versículo bíblico de hoy habla sobre algo más que rebosa y se desborda. Pablo, un hombre que vivió en los tiempos bíblicos, le dijo a un grupo de personas que oraría para que su amor se desbordara más y más. Cuando eso ocurriera, ellos seguirían creciendo en conocimiento y entendimiento. Él quería que el amor de ellos se desbordara no sólo un poco, sino más y más cada día. Él quería que aprendieran y entendieran las cosas que Dios quería que ellos hicieran.

Una de las cosas más importantes que Dios nos dijo es que nos amemos los unos a los otros. ¡Nosotros también podemos hacer que nuestro amor se desborde! Nos amamos unos a otros cuando ayudamos a alguien. Demostramos amor cuando animamos a las personas con una sonrisa. Cuando mostramos amor y respeto hacia las personas con autoridad y no les contestamos de mala manera. Esas cosas hacen feliz a Dios.

Así que adelante y haz un buen reguero... ¡de amor, quiero decir!

Dios, haz que mi amor se
desborde sobre todas las
personas que conozco. Ayúdame
a que mi amor por ellos les
demuestre que Tú eres mi amigo,
y que también serás su amigo.

Buena fe

Precisamente por eso, esfuércense
por añadir a su fe, virtud; a su
virtud, entendimiento.

2 Pedro 1.5

¿Qué es fe? Hebreos 11.1 dice que «la fe es la garantía de lo que se espera, la certeza de lo que no se ve». No podemos ver a Dios, pero estamos seguros de que es real. Tenemos la gran esperanza de que Dios el Padre va a enviar a Jesús de vuelta a la tierra para que así podamos vivir juntos para siempre. Si crees estas cosas, aun cuando no puedes verlas ni sabes cuándo van a pasar, ¡entonces tienes fe!

Nuestro versículo de hoy dice que debemos añadir virtud a nuestra fe. Podemos hacerlo siendo amables y atentos, aun cuando no sintamos el deseo de serlo. Es algo gracioso, pero cuando haces lo correcto siempre te sentirás feliz de haberlo hecho, aun cuando hubieras hecho otra cosa. Añadir virtud a tu fe hace mucho más fácil la espera por el regreso de Jesús. Pasamos nuestro tiempo pensando en los demás en lugar de en nosotros mismos. ¡Y eso se siente muy bien!

Piensa en una forma en que puedes ayudar a alguien. ¡Y hazlo! Así estarás añadiendo virtud a tu fe, y eso hace que tu fe sea más fuerte.

Dios, por favor ayúdame
a tener una fe bien, bien
grande, y con bastante
virtud en ella. Creo en Ti.

Gente justa, buena ciudad

La bendición de los justos
enaltece a la ciudad, pero la boca
de los malvados la destruye.
Proverbios 11.11

¿Qué es lo que más te gusta de la ciudad donde vives? ¿Hacen desfiles en días de fiesta especiales? ¿Hay muchos columpios en los parques? ¿Hay buenos restaurantes y tiendas divertidas?

¿Has pensando alguna vez qué hace que una ciudad sea fantástica? Nuestro versículo dice que es la gente justa la que hace ciudades fantásticas. Cuando la gente justa decide lo que ocurre en una ciudad, Dios la bendice. Pero nuestro versículo también dice que los malvados pueden destruir una ciudad diciendo cosas malas sobre ella.

Cada cierta cantidad de años, nuestros gobiernos celebran elecciones. Es entonces cuando la gente puede escoger a las personas que ellas piensan pueden gobernar mejor a su ciudad o a su país. Tu mamá y tu papá pueden votar en estas elecciones. Es muy importante que la gente que ama a Jesús vote para que así gente justa esté en control de nuestro gobierno.

Todavía no tienes la edad suficiente para votar. Pero puedes hacer algo que es igual de importante. Puedes orar por los líderes de tu ciudad, estado y país. Ora para que gobiernen de la forma que complace a Dios. ¡Eso es lo que hace que una ciudad sea fantástica!

Señor, permite que gente
justa esté en control de
mi ciudad, estado y país.
Ayúdales a recordar que
deben pedir Tu ayuda cuando
no saben qué hacer.

A decir la verdad

Sí, lo hice.

El hombre de verdad tendrá muchas
bendiciones; mas el que se apresura
a enriquecerse no será sin culpa.
Proverbios 28.20 (RVR1960)

¿Se hace fácil o difícil decir la verdad? Algunas veces es fácil, como cuando abuelo pregunta: «¿Quién quiere helado?» Pero, a veces, decir la verdad puede ser difícil. Cuando has hecho algo indebido y tu mamá pregunta: «¿Hiciste eso?», puede que sientas deseos de correr y esconderte debajo de la cama. Pero eso no ayudará. ¿Eres lo suficientemente valiente para decir la verdad aun cuando es difícil? ¿Aun cuando puede meterte en aprietos?

Nuestro versículo de hoy dice que si eres una persona de verdad, tendrás muchas bendiciones. Alguien que es veraz no dice la verdad simplemente algunas veces. Siempre lo hace. Una de las bendiciones de decir siempre la verdad es que la gente puede creerte. Ellos saben que lo que dices es cierto, sea lo que sea. Cuando tus padres confían en ti, ellos te permitirán hacer más de las cosas que quieres hacer. ¿Por qué? Porque ser confiable y honesto les demuestra que estás creciendo. Ellos saben que estás aprendiendo a hacer lo correcto, aun cuando es difícil.

Así que di la verdad y deja que las bendiciones de Dios lluevan sobre ti. El que confíen en ti y que te conozcan como una persona honesta es un sentimiento maravilloso.

Dios, a veces me da miedo decir la verdad. Ayúdame a ser lo suficientemente valiente para hacer lo que es correcto. Confío en que Tú me vas a ayudar para resolver cualquier cosa que pase.

Linda Carlblom es esposa, mamá de tres hijos y abuelita de tres nietos. Le encanta escribir libros de ficción para niños y hablarles a mamás y a niños. Ella participa de muchas actividades en su iglesia local en Tempe, Arizona. Después de Dios, los tres amores más grandes en su vida son su familia, leer y el postre de queso. Puedes visitarla en www.lindacarlblom.com.